Meisterleistungen
der Beamtensprache

Norbert Golluch

Stirbt
ein Bediensteter
während
der Dienstreise,
so ist damit
die Dienstreise
beendet.

Meisterleistungen
der Beamtensprache

eichborn.

9. Auflage 2011

© Eichborn AG, Frankfurt am Main, April 2010
Umschlaggestaltung: Christiane Hahn
Layout und Satz: Schneider. Visuelle Kommunikation
Druck und Bindung: CPI – Clausen & Bosse, Leck
ISBN 978-3-8218-6073-2

Mix
Produktgruppe aus vorbildlich bewirtschafteten
Wäldern und anderen kontrollierten Herkünften
www.fsc.org Zert.-Nr. GFA-COC-001223
© 1996 Forest Stewardship Council

Eichborn Verlag, Kaiserstraße 66, 60329 Frankfurt am Main
Mehr Informationen zu Büchern und Hörbüchern aus dem Eichborn
Verlag finden Sie unter www.eichborn.de

Einleitung

Dieses Buch enthält sprachliche Fund-
stücke, die in der Kommunikation zwischen Bürgern und Bürokraten entstanden sind oder zumindest entstanden
sein könnten oder Bürokraten zuge-
schrieben werden. Die Sprache profes-
sioneller Bürokraten ist ebenso ver-
treten wie die ungewollte Parodie auf
dieselbe, die entstehen kann, wenn
Bürger versuchen, sich den amtlichen
oder halbamtlichen sprachlichen Ge-
pflogenheiten ihrer Kommunikations-
partner bei Behörden oder Versicher-
ungen anzupassen. Die Zitate, zum
großen Teil im Internet gefunden,
sind Beweisstücke des endlosen Kamp-
fes der Bürokraten gegen das Chaos
des gewöhnlichen Bürger oder können
als Beweise im Verfahren Bürokratie
vs. Verständigung herangezogen werden.

Wichtiger Hinweis:

Die Inhalte dieses Buches können gewisse Risiken und Neben-
wirkungen weltanschaulicher Art zur Folge haben. Bei Problemen
lesen Sie besser irgendeine Packungsbeilage und verschenken
Sie dies Buch an Ihren Arzt oder Apotheker. Oder an sonst wen.

Schon in der Frühphase des Bauvorhabens errichtete der Bauherr ohne die Abläufe des vorgeschriebenen Planfeststellungsverfahrens zu beachten- und demzufolge ohne jede behördliche Genehmigung eine gewaltigen, in unterschiedlichen Blautönen beleuchteten Kuppelkomplex sowie ein kugelförmiges Großbauprojekt, später als Erde aktenkundig,

Am Anfang schuf Gott Himmel und Erde ...

Die Favoriten

Eigentlich unglaubliche Pretiosen aus Amtsstuben

Besteht ein Personalrat aus einer Person, erübrigt sich die Trennung nach Geschlechtern.

(Info des Deutschen Lehrerverbandes Hessen)

Kunststoff-Fenster mögen zahlreiche Vorteile haben, insbesondere in Bezug auf Wartung und Pflege – Holz hat den Vorteil, nicht aus Kunststoff zu sein.

(Urteilsbegründung des LG München)

selbstreproduzierende Kleinflugkörper auf biologischer Basis mit fest programmierter automatischer Rückkehr aus allen beliebigen Richtungen und Distanzen

(Definition für eine Brieftaube)

„Der Abort, umgangssprachlich auch Toilette genannt, besteht aus einem trichterförmigen Porzellanbecken zur Aufnahme der Exkremente mit einem klappbaren, auf dem Sitzrand angebrachten Sitzstück."

(Gesetz- und Verordnungsblatt für das Land Sachsen-Anhalt, 4. Jahrgang, Magdeburg, den 01. April 1993, Nr. 15)

Nach dem Abkoten bleibt der Kothaufen grundsätzlich eine selbständige bewegliche Sache, er wird nicht durch Verbinden oder Vermischen untrennbarer Bestandteil des Wiesengrundstücks, der Eigentümer des Wiesengrundstücks erwirbt also nicht automatisch Eigentum am Hundekot.

(Fallbeispiel aus der Deutschen Verwaltungspraxis)

In Nr. 2 ist in Spalte 2 das Wort Parkplatz durch die Worte Platz zum Parken zu ersetzen.

(Ausschussempfehlung zum Bußgeldkatalog)

Ausfuhrbestimmungen sind Erklärungen zu den Erklärungen, mit denen man eine Erklärung erklärt.

(Protokoll im Wirtschaftsministerium)

Margarine im Sinne dieser Leitsätze
ist Margarine im Sinne des Margarine-
gesetzes.
(Deutsches Lebensmittelbuch)

„Persönliche Angaben zum Antrag sind
freiwillig. Allerdings kann der Antrag ohne die persönlichen Angaben
nicht weiterbearbeitet werden."
(Formular Postgirodienst)

„Eine Pflanze gilt als befallen, wenn
sich in ihr mindestens eine Schild-
laus befindet, die nachweislich nicht
tot ist."
(Der Hobbygärtner)

Öffentliche Bekanntmachung
für
Stellwerk VI.

Der Hilfsbetriebsassistent
Ludwig
wird in eine Geldstrafe
von
2 Mark
genommen, weil er statt um
6 Uhr um 8 Uhr betrunken
zum Dienst erschienen ist.

Der Bahnhofvorsteher

Josef

Bürokratendeutsch in der Literatur - Teil 1

Bürokraten befassen sich in ihrer ganz eigenen Weise mit der Kunst der Sprache und hätten sicher auch in Dichtung und Literatur Großes hervorgebracht, hätte Ihnen Ihr Dienst am Volk und Nation dazu nur hinreichend Zeit gelassen. Deshalb wird hier für sie nachvollzogen, was dichtende Bürokraten in der Vergangenheit hätten schaffen können. An dieser Stelle findet das Kunstlied adäquaten beamtensprachlichen Ausdruck:

Euphorische Gefühlwahrnehmung, ästhetisch ansprechendes Verbrennungskleinereignis verursacht von überirdischen mythologischen Wesen
Freude, schöner Götterfunken

Weiblicher Nachfahre ersten Grades
mit Migrationshintergrund
Tochter aus Elysium

Erwirbt die Amtsbelegschaft bege-
hungstechnische Ersterfahrung in
einem oxidationsprozessbedingten
Rauschzustand
Wir betreten feuertrunken,

Du weibliches Wesen firmamentaler
Herkunft, in deinem Sakralbau.
Himmlische, dein Heiligthum!

田中食品

2chome. Higashikannon-cho. Hiroshima-shi, Japan.

Firma

D-6900 Heidelberg
Postfach 147

Sehr geehrte Herren,

wir jetzt Deutsch schreiben
Weil wir jetzt haben einen Deutsch-
Meister und bestehlen

50 Runde Sofas ??

so umgehend wie geschwind.

Mit freundlichen Grüßen

M. SHOKUHIN.

was will der ?
Vermutlich 50 Kugellager
gekekt 2.8.72 !

Dienstgrade beim Zoll

Amtsbezeichnungen, die aus beamteten Menschen noch bessere beamtete Menschen machen (sollen)

Zollbeamte im Vorbereitungsdienst - Einfacher Dienst

Zollwachtmeisteranwärter (ZWAnw)

Zolloberwachtmeisteranwärter (ZOWAnw)

Zollbeamte im Vorbereitungsdienst - Mittlerer Dienst

Zollsekretäranwärter (ZSAnw)

Zollbeamte im Vorbereitungsdienst - Gehobener Dienst

Zollinspektoranwärter (ZIAnw)

Zollbeamte in der laufbahnrechtlichen Probezeit - Einfacher Dienst

Zollwachtmeister zur Anstellung (ZW z. A.)

Zolloberwachtmeister zur Anstellung (ZOW z. A.)

Zollbeamte in der laufbahnrechtlichen Probezeit – Mittlerer Dienst

Zollsekretär zur Anstellung (ZS z. A.)
Zollschiffsobersekretär zur Anstellung (ZSOS z. A.)

Zollbeamte in der laufbahnrechtlichen Probezeit – Gehobener Dienst

Zollinspektor zur Anstellung (ZI z. A.)

Zollbeamte in der laufbahnrechtlichen Probezeit – Höherer Dienst

Regierungsrat zur Anstellung (RR z. A.)

Zollbeamte im Einfachen Dienst

Zollwachtmeister (ZW)/Zollwachtmeisterin (ZW'in)
Zolloberwachtmeister (ZOW)/Zolloberwachtmeisterin (ZOW'in)
Zollhauptwachtmeister (ZHW)/Zollhauptwachtmeisterin (ZHW'in)
Erster Zollhauptwachtmeister (EZHW)/Erste Zollhauptwachtmeisterin (EZHW'in)

Zollbeamte im Mittleren Dienst

Zollassistent (ZAss, abgeschafft)

Zollsekretär (ZS) Zollsekretärin (ZS'in)

Zollobersekretär (ZOS), Zollschiffsobersekretär (ZSOS)

Zollobersekretärin (ZOS'in), Zollschiffsobersekretärin (ZSOS'in)

Zollhauptsekretär (ZHS), Zollschiffshauptsekretär (ZSHS)

Zollhauptsekretärin (ZHS'in), Zollschiffshauptsekretärin (ZSHS'in)

Zollamtsinspektor (ZAI), Zollschiffsamtsinspektor (ZSAI)

Zollamtsinspektorin (ZAI'in), Zollschiffsamtsinspektorin (ZSAI'in)

Zollbeamte im Gehobenen Dienst

Zollinspektor (ZI)

Zolloberinspektorin (ZOI'n)

Zollamtmann (ZAM)

Zollamtfrau (ZAF)

Zollamtsrat (ZAR)

Zollamtsrätin (ZAR'in)

Zolloberamtsrat (ZOAR)

Traumjob für Alkoholiker?

Direktor bei der Bundesmonopolverwaltung für Branntwein als Leiter der Verwertungsstelle

Bürokraten und das Geld

An sich nicht erstattbare Kosten
des arbeitsgerichtlichen Verfahrens
erster Instanz sind insoweit erstattbar,
als durch sie erstattbare Kosten erspart
bleiben.

(Beschluss des Landgerichts Rheinland-Pfalz)

Die einmalige Zahlung wird jedem Berechtigten nur einmal gewährt.

(Gesetz über die Anpassung von Versorgungsbezügen)

Es ist ein Säumniszuschlag in Höhe von
1 v. H. des rückständigen auf fünfzig EUR
nach unten abgerundeten Erstattungsbetrages für jeden angefangenen Monat der
Säumnis zu zahlen.

Lexikon des Bürokraten-Vokabulars

Abgabenerlass –
jemand muss dauerhaft etwas zahlen

Abschnittsführer –
ein kleinerer Anführer im Bürokratenrudel

Abstandseinhaltungserfassungs-vorrichtung –
Querstreifen auf der Autobahn

Amtsermittlungsgrundsatz –
Kriterium, das für gewöhnliche Menschen nicht zu begreifen ist

Anscheinsgefahr –
etwas, was anscheinend gefährlich werden kann

Anscheinsstörer –
jemand, der den Anschein stört oder anscheinend stört

Antrag –
ein Papier zur Kommunikation zwischen gewöhnlichen Menschen und Bürokraten

Arbeitsgelegenheit mit Mehraufwandsentschädigung –
Hartz IV

aufenthaltsbeendende Maßnahme –
Abschiebung

Bauausführungsfeststellungsverfahren –
amtliche Behinderung beim Bau

Beelterung –
Vermittlung eines Waisenkindes an Pflegefamilie

Beförderungseinheit –
Fahrzeug oder Behälter, in dem etwas transportiert wird

Behörde –
Bürokratennest

Beischlafdiebstahl –
Sex ohne zu bezahlen

Beiwohnung –
Sex

beratungsresistent –
will nicht so, wie der Bürokrat z.B. von der Arbeitsagentur will

Besatzmaßnahme –
etwas wird in irgendetwas hinein gegeben, z.B. Goldfische in einen Teich

Beschulung –
unterrichtet werden

Bestallung –
Vormundschaft

Bestreifung –
etwas mit Streifen versehen

Betriebsmittelaufnahme –
tanken

Bezirksschornsteinfegermeister-Assistent –
der Typ, der den Besen trägt

Biosensor –
Diensthund mit geschulter Nase, z.B. im Rauschgifteinsatz

Brandortbegehung –
einen Brandort besichtigen, meist nachdem das Feuer gelöscht ist

Bürgerin –
Frau

deichselgeführtes Flurförderzeug –
Hubwagen

demzufolge –
dadurch

Diebstahlsicherungsvorrichtung –
etwas, das eine kriminelle Person am Stehlen hindert

Dreiseitenkipper –
Schubkarre

Drittortauseinandersetzung –
eine Schlägerei wurde anderen Ortes fortgesetzt

Einreichung –
jemand gibt einem Bürokraten offiziell etwas

Einsichtnahme –
in einer Akte oder einem Schriftstück lesen

Einzelpersonenbeförderungseinheit –
Fahrzeug für Personen, zum Beispiel ein Auto

erkennungsdienstliche Behandlung –
Datenerfassung zum Beispiel bei der Kriminalpolizei

Erkundigungen einziehen –
irgendwo nachfragen

Errichtung –
etwas bauen

Etagenbegehung –
Besichtigung eines Stockwerks

Etagenbegehungshilfe –
Treppe

Fahrtrichtungsanzeiger –
Blinker

Feststellung –
der Bürokraten bemerkt etwas mit amtlichem Auge

fliegende Bauten für Veranstaltungsplätze –
Achterbahn u. ä.

Formular –
Informationsübermittlungshilfe an Bürokraten

forstwirtschaftliche Nutzfläche mit Wildtierbestand –
Wald mit Tieren

Freitodregionen –
Gegenden, wo man sich umzubringen pflegt

Fußgängerfurt –
Zebrastreifen, Fußgängerampel

Gebäudekomplex –
größeres Haus

Gefährder –
jemand, der Ärger macht oder machen könnte

gefahrenabwehrrechtlich –
eine Gefahr, juristisch betrachtet

gewährleisten –
Bürokratendeutsch für sicherstellen

Glaubhaftmachung –
Nachweis, Beweis, Bestätigung

koffeinhaltiges Bohnenheißgetränk –
Kaffee, kein Tee

Kopfbekleidung –
Hut o. ä.

Ladungsverluste —
Gegenstände, die „vom Laster fallen"

Lautraum —
Diskothek

Lebensberechtigungsbescheinigung —
Familien-Stammbuch

Leuchtmittel —
Neonröhre oder Glühbirne

Lichtzeichenanlage —
Ampel

Luftverlastung —
Transport per Hubschrauber

Machbarkeitsstudie —
Expertenerguss, welcher dem Auftraggeber beweist, dass
genau das möglich ist, was möglich sein soll

männliche Person —
Mann

Mehrstück —
Kopie

motorbetriebenes Flurförderzeug —
motorisierter Gabelstapler

Mühewaltung —
Mühe

nicht lebende Einfriedung —
Zaun

nicht privilegiertes Tötungsdelikt —
zum Beispiel Mord

ortsfest —
nicht beweglich

ortsveränderlich —
beweglich

ortsveränderliches elektrisches Gerät —
z.B. eine Bohrmaschine

Personenvereinzelungsanlage —
Drehkreuz, z.B. in einem Supermarkt

plangleicher Knotenpunkt ohne Lichtsignalanlage —
Kreisverkehr

Postwertzeichen —
Briefmarke

privilegiertes Tötungsdelikt —
zum Beispiel Tötung auf Verlangen

raufutterverzehrende Großvieh-einheit –
Kuh

raumübergreifendes Großgrün –
Baum

Rechnungswesen –
kein Außerirdischer; Bürokratendeutsch für Buchhaltung

Strafzumessungsermessung –
der Spielraum, den ein Richter bei der Wahl der Strafe hat

Schließzangen –
Handschellen

Spontanvegetation –
wild wachsende Pflanzen, Unkraut

starke Polizeikräfte –
sehr viele Polizisten

Straßenbegleitgrün –
Mittelstreifen

Todesermittler –
der Arzt, der feststellt, dass jemand nicht mehr lebt

Tötungsabsicht –
das Vorhaben, jemanden umzubringen

unter der Einwirkung alkoholischer Getränke –
betrunken, besoffen, blau

verfahrenseinleitende Maßnahme –
Beginn einer Bürokratentätigkeit

verkehrsbehindernd parken –
mit dem Auto im Wege stehen

Vermögenslosigkeit –
Armut

Versagung –
Ablehnung

verunfallen –
einen Unfall haben

Vorbezeichnete(r) –
ein bereits zuvor genannter Mensch

Vorschrift –
eine Regel aus dem Regelsystem, nach dem Bürokraten leben

Wahrheitsfindung –
die Suche des Bürokraten nach tieferer Erkenntnis

weibliche Person –
Frau

Widerspruch –
formelle Absage an den Bürokratenwillen

Widerspruchsfrist –
der Zeitraum, in dem ein Widerspruch möglich ist

Witterungsschutz –
zum Beispiel Regenschirm

Zuzahlungsbewilligungsbescheid –
amtliche Zusage einer Zahlung

Bericht 13

Gegen den Kostenschuldner
August S
konnte ich nicht vorgehen,
weil er sich bereits in einer
anderenen Kostensache
erhängt hatte.
Nachdem ich diese Feststellung
gemacht hatte,
verließ ich den Ort des
Schreckens und ging haarsträubend
nach Hause.-

Familien-Bürokratie

Welches Kind erstes, zweites, drittes Kind usw. ist, richtet sich nach dem Alter des Kindes.
(Bundesanstalt für Arbeit)

Ein Ehemann hat in der Regel seinen Wohnsitz dort, wo sich seine Familie befindet.
(BFH BstBL 85, 331)

Ein Verschollener hat seinen Wohnsitz bei der Ehefrau.
(FG Düsseldorf EFG 58, 144).

Liebesbrief eines Beamten

Meine Werteste,

in Beantwortung Deines Schreibens vom 22.7.2009, mir durch Beamte der Post am 23.7.2009 ordnungsgemäß zustellig gemacht, möchte ich Dir als Endunterfertigter mitteilen, dass Du aktenkundig die einzige, hierorts wohnhafte weibliche Person in unserer Kreisgemeinde bist, die mein erotisches Interesse geweckt und daher die Inmarschsetzung hormoneller Stimulantien, die unseres Wissens nicht unter § 216 Betäubungsmittelgesetz fallen, zu verantworten hat. Du bringst mich in einen in den Dienstvorschriften nicht präzise definierten Zustand, in dem ich meine Fortpflanzungsorgane Dir gegenüber in angemessener und durchaus den gesellschaftlichen Vorschriften entsprechender Weise gewohnheitsmäßig in Anwendung bringen möchte, gern auch mit Familienvergrößerungsabsicht. Zur Greifbarmachung Deiner weiblichen Reize in meinem Wirkungskreis möchte ich Dich zum gemeinsamen Verzehr von hochqualitativen Nahrungs- und Genussmitteln im Rahmen eines von einem Bundesbürger mit Migrationshintergrund (Italien) betriebenen, aber ordnungsamtlich zertifizierten Restaurationsbetriebes einladen, wobei eine Regelung der anfallenden Unkosten selbstredend meinen finanziellen Obliegenheiten untersteht.

Dein dich verehrender
Thorsten Hinrichs, Oberamtsratsanwärter zur Anstellung

P.S.: Aus Gründen sexueller und dienstrechtlicher Genesung und da ich bereits einmal eines Übertreten des amtlichen Schmuckpflanzenpflückverbotes in den städtischen Parkanlagen ordnungsrechtlich auffällig wurde und um nicht infolge Nichtbeachtung weiterer gültiger Vorschriften straffällig oder gar notorisch kriminell zu werden, überreiche ich Dir daher in gefahrenabwehrrechtlicher Absicht diesen schriftlichen Antrag in dreifacher Ausfertigung, wobei eine notariell beglaubigte Kopie für die Akten Deiner Erzeugergeneration beiliegt. Ein polizeiliches Führungszeugnis lege ich ebenfalls bei.

Solltest Du dieses mein Ansinnen als gesetzeswidrig oder gar als Einstieg in eine erotische Amtsanmaßung sehen und sollte mir eine Glaubhaftmachung meiner familienrechtlich unanfechtbaren Absichten nicht ausreichend gelungen sein, so werde ich vermutlich in Selbsttötungsabsicht die Lichtzeichenanlage am Bahnhofsplatz ignorieren oder mich auf die Gleisanlage eines schienengeleiteten Personenbeförderungsfahrzeuges werfen.

Leben und Tod

Der Tod stellt aus versorgungsrecht-
licher Sicht die stärkste Form der
Dienstunfähigkeit dar.
(Unterrichtsblätter für die Bundeswehrverwaltung)

Stirbt ein Bediensteter während einer
Dienstreise,
so ist damit die Dienstreise beendet.
(Kommentar zum Bundeskostenreisegesetz)

Es ist nicht möglich, den Tod eines
Steuerpflichtigen
als dauernde Berufsunfähigkeit im
Sinne von § 16 Abs. 1 Satz 3 EstG zu
werten und demgemäß den erhöhten
Freibetrag abzuziehen.
(Bundessteuerblatt)

Die Fürsorge umfasst den lebenden
Menschen einschließlich der Abwick-
lung des gelebt habenden Menschen.
(Vorschrift Kriegsgräberfürsorge)

Ehefrauen, die ihren Mann erschießen, haben nach einer Entscheidung des BSG keinen Anspruch auf Witwenrente.
(Verbandsblatt des Bayerischen Einzelhandels)

Gesetzesbezeichnungen

Bundes-Immissionsschutzgesetz
(BImSchG)

Steuerhinterziehungsbekämpfungsgesetz
(SthbG)

Rinderregistrierungsdurchführungs-
gesetz
(RiRegDG, Mecklenburg-Vorpommern)

Rindfleischetikettierungsüberwa-
chungsaufgabenübertragungsgesetz
(RflEttÜAÜG, Mecklenburg-Vorpommern)

Rinderkennzeichnungs- und
Rindfleischetikettierungsüberwa-
chungsaufgabenübertragungsgesetz
(RkReÜAÜG)

Grundstücksverkehrsgenehmigungszustän
digkeitsübertragungsverordnung
(GrundVZÜV)

Verordnung zur Übertragung der Zuständig-
keiten des Oberfinanzpräsidenten der
Oberfinanzdirektion Berlin nach § 8 Satz
2 der Grundstücksverkehrsordnung auf das
Bundesamt zur Regelung offener Vermögens-
fragen

Versicherungskorrespondenz

Wenn der normale Mensch es besonders gut machen will und versucht, dem Bürokraten sprachlich korrekt wie er meint zu begegnen, entstehen sprachliche Edelsteine, die den Stilblüten in Kinderaufsätzen ebenbürtig sind. Ob jedes einzelne der hier wiedergegebenen Zitate (zumeist aus dem Internet) echt ist oder zumindest eine reale Vorlage hat, kann nicht mit letzter Sicherheit gesagt werden, zumal manche von ihnen in einigen Varianten existieren. Auch konnte eine belegbare Quelle nicht gefunden werden. Es ist aber wahrscheinlich, dass sie auf Grundlage tatsächlicher brieflicher Kommunikationsvorgänge entstanden sind.

Der souveräne Autofahrer
Er hat alles im Griff - oder er glaubt es zumindest ...

Ich fuhr mit meinem Wagen gegen die Leitschiene, überschlug mich drei Mal und prallte gegen einen Baum. Dann verlor ich die Herrschaft über mein Auto.[1]

Im gesetzlich zulässigen Höchsttempo kollidierte ich mit einer unvorschriftsmäßigen Frau in der Gegenrichtung.[1]

Das Polizeiauto gab mir ein Signal zum Anhalten. Ich fand einen Brückenpfeiler.[2]

Das andere Auto kollidierte mit dem meinigen, ohne mir vorher seine Absicht mitzuteilen.[1]

Trotz Bremsens und Überschlagens holte ich das andere Fahrzeug noch ein und beschädigte den linken Kotflügel des Wagens.[2]

Ich überschlug mich seitwärts mehrmals, um eine Kollision mit dem ent-
gegenkommenden Fahrzeug zu vermeiden.[1]

Um den Zusammenstoß zu vermeiden
steuerte ich gegen den anderen Wagen.[1]

Aktenzeichen 2009/12/3/aunau

Der absolut unschuldige Autofahrer
An der Katastrophe haben immer die anderen Schuld.

An der Kreuzung hatte ich einen un-
vorhergesehenen Anfall von Farben-
blindheit.[1]

Im hohen Tempo näherte sich mir die
Telegraphenstange. Ich schlug einen
Zickzackkurs ein, aber dennoch traf
die Telegraphenstange am Kühler.[1]

Der Pfosten raste auf mich zu, und
als ich ihm Platz machen wollte,
stieß ich frontal damit zusammen.[1]

Ich wollte den Wagen abbremsen. Ich habe gekämpft wie ich nur konnte, aber es half nichts. Prallte gegen die Zaunmauer und wurde unbewusst. Aus war es mit meiner Gesinnung.[1]

Ich bin ferner mit meinen Nerven am Ende und habe mit einer schweren Kastritis zu tun. Beim Heimkommen fuhr ich versehentlich in eine falsche Grundstücksauffahrt und rammte einen Baum, der bei mir dort nicht steht.[2]

Außerdem bin ich vor meinem ersten Unfall und nach meinem letzten unfallfrei gefahren.[2]

Ich fuhr gemächlich die Strasse entlang bis mir plötzlich ein Stoppschild sehr schnell entgegen kam. Ich konnte nicht mehr ausweichen und überfuhr es.[1]

Der Nebel war so stark, dass ich das Schild mit der Geschwindigkeitsbegrenzung nicht sehen konnte![1]

Verordnung —

Für Geburten sind die Wochentage
Dienstag und Donnerstag —
morgens 9–12 Uhr
festgesetzt.

(Siegel)

Standesamt der Stadt Bruchsal

Bürokratendeutsch in der Literatur - Teil 2

Bürokraten-Balladen sind bisher unbe-
kannt, würden aber, gäbe es sie,
unser Sprachverständnis einschneidend
verändern:

Welche meldetechnisch unidentifizierte Person
bewegt sich dort zu ungebührlicher Tageszeit
und bei schlechten Witterungsbedingungen
auf einem pferdeähnlichen Reittier?
Es ist der männliche Erziehungsberechtigte
mit seinem Mündel!
Durch erprobten Griff garantiert er
sowohl für die Sturzsicherheit als auch für
die angemessene Haltungstemperatur
des männlichen Kleinkindes …

Wer reitet so spät durch Nacht und Wind?
Es ist der Vater mit seinem Kind.
Er hat den Knaben wohl in dem Arm,
Er fasst ihn sicher, er hält ihn warm.

Dennoch zeigt der Sohn Anzeichen
einer beginnenden, aber möglicherweise
noch therapierbaren Angststörung
und unterrichtet den Vater in Frageform
über das Erscheinen einer behördlich nicht
anerkannten
fiktiven Person mit monarchistischem Anspruch
namens Erlkönig.
Selbiger fällt durch seine ungewöhnliche
Kopfbedeckung
sowie einen schwanzähnlichen Anhang auf,
den der Erziehungsberechtigte in der Absicht,
seinem Erziehungsauftrag nachzukommen
und sein Mündel zu beruhigen,
kategorisch für eine Erscheinung
aus kondensiertem Wasser erklärt.

Mein Sohn, was birgst du so bang dein Gesicht? -
Siehst Vater, du den Erlkönig nicht!
Den Erlenkönig mit Kron' und Schweif? -
Mein Sohn, es ist ein Nebelstreif. -

Nach späteren Aussagen des Erziehungsberechtigten
soll besagte fiktive Person mit monarchistischem Anspruch
das unmündige Kind aufgefordert haben,
ihm zu folgen,

wobei dieser potentielle Gefährder
dem Knaben sowohl kindgerechte Unterhaltung
an einer mit fein gekörntem Quarz bedeckten
Meeresküste
als auch farbenprächtigen Raumschmuck floraler
Art
und von der vermutlich ebenfalls fiktiven
Mutter
besagten Erlkönigs gefertigte goldfarbene
Kleidung anbot.

„Du liebes Kind, komm geh' mit mir!
Gar schöne Spiele, spiel ich mit dir,
Manch bunte Blumen sind an dem Strand,
Meine Mutter hat manch gülden Gewand."

Da das Mündel jedoch weiterhin auf der realen
Existenz
besagter Erscheinung bestand,
welche ihn mit vermutlich illegalen
Einlassungen
akustischer Art zu gewinnen suchte,
unternahm der Erziehungsberechtigte den
Versuch,
sein unmündiges Kind mit Hilfe verbaler
Manipulation
in einen ruhigeren Gemütszustand zu
transferieren,

indem er auftretende akustische Irritationen
als Folge meteorologischer Einwirkung
auf die dehydrierten Kleinelemente
arboraler Begrünung deutete.

Mein Vater, mein Vater, und hörest du nicht,
Was Erlenkönig mir leise verspricht? -
Sei ruhig, bleibe ruhig, mein Kind,
In dürren Blättern säuselt der Wind. -

Den Aussagen des Erziehungsberechtigten zu
Folge
soll besagter Erlkönig daraufhin sein
illegales Angebot
an das Mündel um eine zuhälterische
Komponente
erweitert haben, indem er nicht eindeutig
definierte
erotische Aktivitäten musikalischer und
tänzerischer Art
mit seinen weiblichen Angehörigen
zu nachtschlafender Zeit in Aussicht stellte.

"Willst feiner Knabe du mit mir geh'n?
Meine Töchter sollen dich warten schön,
Meine Töchter führen den nächtlichen Reihn
Und wiegen und tanzen und singen dich ein."

Das Mündel informierte in der weiteren
zeitlichen Abfolge
seinen Vater über ausschließlich von ihm
wahrgenommene Aktivitäten besagter fiktiver
Person
an einem Ort mit nicht ausreichender lokaler
Beleuchtung.
Der Erziehungsberechtigte versuchte daraufhin,
die von seinem Kinde beobachteten Wahnerschei-
nungen
als visuelle Ausprägung sich in Grautönen
abbildenden
alten Großgrüns der Gattung Salix zu
interpretieren.

Mein Vater, mein Vater, und siehst du nicht dort
Erlkönigs Töchter am düsteren Ort? -
Mein Sohn, mein Sohn, ich seh' es genau:
Es scheinen die alten Weiden so grau. -

Dieses Ansinnen scheiterte
an den verbalen Drohungsäußerungen
des Anscheinsstörers Erlkönig,
der dem unmündigen Kind unter Hinweis
auf dessen körperliche Vorzüge
im Falle einer Nichtgewährung erotischer
Dienstleistungen

körperliche Gewalt androhte
und diese Androhung illegaler Handlungen
kurz darauf auch verwirklichte,
was das Mündel als leidvolle Beeinträchtigung
seiner Person auffasste.

"Ich liebe dich, mich reizt deine schöne Gestalt,
Und bist du nicht willig, so brauch ich Gewalt!"
Mein Vater, mein Vater, jetzt faßt er mich an,
Erlkönig hat mir ein Leids getan. -

Nach diesem Tatverlauf
außerhalb juristisch geregelter Realität
griff die eingangs erwähnte Angststörung
auch auf den Erziehungsberechtigten über
und er unternahm den Versuch,
dem Geschehen durch Erhöhung der
Geschwindigkeit seines Reittieres kurzfristig
zu entkommen.
Währenddessen äußerte sich das Kind,
welches er nach wie vor durch festen Griff
in der Nähe seines Oberkörpers in Sicherheit
wähnte, durch auffallende Laute ächzender Art.
Obgleich der Erziehungsberechtigte seine
in der Nähe befindliche hofartige Anlage
mit zentralem Wohnanwesen erreichte,
wenn auch nur unter Anstrengung,

konnte er letztlich nur noch
das Ableben seines Mündels amtlich
konstatieren lassen.

Dem Vater grauset's, er reitet geschwind,
Er hält in den Armen das ächzende Kind,
Erreicht den Hof mit Mühe und Not,
In seinen Armen das Kind war tot.

Ja, natürlich, es handelt sich um das
beliebte Gedicht „Der Erlkönig" von
Johann Wolfgang von Goethe, das in
dieser Fassung ganz neue Qualitäten
gewinnt.

Mehr Versicherungs- korrespondenz

Freiwild Fussgänger

Eigentlich sind sie immer selbst schuld …

Dummerweise stieß ich mit dem Fußgän- ger zusammen. Er wurde ins Kranken- haus eingeliefert und bedauerte dies sehr …[1]

Der Fußgänger hatte anscheinend keine Ahnung, in welche Richtung er gehen sollte, und so überfuhr ich ihn.[2]

Ein Fußgänger rannte in mich und ver- schwand wortlos unter meinem Auto.[2]

Ich überfuhr einen Mann. Er gab seine Schuld zu, da ihm dies schon einmal passiert war.[2]

Schon bevor ich ihn anfuhr, war ich davon überzeugt, dass dieser alte Mann nie die andere Straßenseite erreichen würde.[1]

Da sich der Fußgänger nicht entscheiden konnte, nach welcher Seite er rennen sollte, fuhr ich oben drüber.[1]

Ich fuhr weiter und sah nur einen Schatten, der von meinem Auto umgefahren wurde.[1]

Ich musste ihn leider aufs Korn, d. h. auf den Kühler nehmen; dann fegte ich ihn seitlich über die Windschutzscheibe ab.[2]

Der Bursche war überall und nirgends auf der Strasse. Ich musste mehrmals kurven, bevor ich ihn traf.[2]

Die Ratsel des Strassenverkehrs

Manches auf unseren Straßen bleibt einfach unerklärlich ...

Der andere Wagen war absolut unsicht-
bar, und dann verschwand er.[2]

Vor dem Überqueren der Fahrbahn
schaute ich nach links und gleichzei-
tig nach rechts.[1]

Ein unsichtbares Fahrzeug kam aus dem
Nichts, stieß mit mir zusammen und
verschwand dann spurlos.[1]

Ich sah ein trauriges Gesicht langsam
vorüberschweben. Dann schlug der Herr
auf dem Dach meines Wagens auf.[1]

Als ich auf die Bremse treten wollte,
war diese nicht da.[2]

Unsere Autos prallten genau in dem
Augenblick zusammen, als sie sich be-
gegneten.[2]

Ich stieß mit meinem Auto gegen einen
Laternenpfahl, den ein menschliches
Wesen verdeckte.[1]

Mensch = Auto?

Wenn Mensch und Maschine zu einer Einheit werden

Der Kraftsachverständige war völlig ungehalten, als er auf mein Vorderteil blickte...[2]

Bei dem Zusammenstoss wurde ich im hinteren Teil so beschädigt, dass ich abgeschleppt werden musste![1]

Die Geburtsurkunde des Kfz ist beigefügt.[1]

Bei dem Zusammenstoß wurde ich im hinteren Teil so beschädigt, dass ich abgeschleppt werden musste.[1]

Als das Auto die Polizei erblickte, erschrak es und fuhr zurück.[1]

Dann kam es zu einer heftigen Schlägerei, zwischen dem Passat und dem BMW![1]

Unfallursachen

Nachher ist man schlauer oder?

Nachdem ich vierzig Jahre gefahren war, schlief ich am Lenkrad ein.[1]

Vor mir fuhr ein riesiger Möbelwagen mit Anhänger. Der Sog war so groß, dass ich über die Kreuzung gezogen wurde.[2]

Ich hatte den ganzen Tag Pflanzen eingekauft. Als ich die Kreuzung erreichte, wuchs plötzlich ein Busch in mein Blickfeld, und ich konnte das andere Fahrzeug nicht mehr sehen.[1]

Als ich eine Fliege erschlagen wollte, erwischte ich den Telefonmast.[1]

Ich fuhr durch die Au. Plötzlich kamen von links und rechts mehrere Fahrzeuge. Ich wusste nicht mehr wohin und dann krachte es vorne und hinten.[2]

Mein Sohn hat die Frau nicht umgerannt. Er ist einfach vorbei gerannt. Dabei ist die Frau durch den Luftzug umgefallen.[2]

Als wir kurz vor Baden-Baden waren, sah ich auf meine Uhr, und als ich wieder aufblickte, sah ich nichts mehr.[1]

Ein Rad geriet in den Straßengraben, meine Füße sprangen von der Bremse zum Gaspedal, hüpften von der Fahrbahn auf die andere Seite und stießen gegen einen Baumstumpf![1]

Ich fuhr rückwärts eine steile Strasse hinunter, durchbrach eine Grundstücksmauer und rammte einen Bungalow. Ich konnte mich einfach nicht mehr erinnern, wo das Bremspedal angebracht ist.[2]

Mein Auto fuhr einfach geradeaus, was in einer Kurve allgemein zum Verlassen der Strasse führt.[2]

Als mein Auto von der Strasse abkam, wurde ich hinausgeschleudert. Später entdeckten mich so ein paar Kühe in meinem Loch.[1]

Bei dem Unfall wurde mein Schwiegersohn nicht verletzt, denn er war gar nicht mitgefahren.[1]

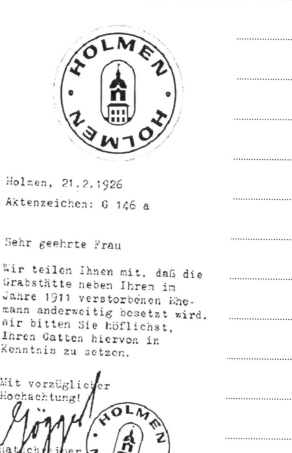

Holmen, 21.2.1926
Aktenzeichen: G 146 a

Sehr geehrte Frau

Wir teilen Ihnen mit, daß die
Grabstätte neben Ihrem im
Jahre 1911 verstorbenen Ehe-
mann anderweitig besetzt wird.
Wir bitten Sie höflichst,
Ihren Gatten hiervon in
Kenntnis zu setzen.

Mit vorzüglicher
Hochachtung!

Ratschreiber

Bürokratendeutsch in der Literatur - Teil 3

Erkennen Sie auch den folgenden Lyrik-Hit der Vergangenheit?

Welche zum Stand berittener Kriegsdiener gehörige oder als Knappe amtlich registrierte Person bleibt gefahrentechnisch unbeeindruckt von diesem Gewässer unbekannter Tiefe?

Richtig, so beginnt Friedrich Schillers „Taucher" in Bürokratendeutsch.
Der Dichter sagte es so:

*Wer wagt es, Rittersmann oder Knapp
Zu tauchen in diesen Schlund?*

Noch mehr Versicherungs-korrespondenz

Fahrerflucht
Wenn die Täter fliehen

Ich habe gestern Abend auf der Heim-fahrt einen Zaun in etwa 20 Meter Länge umgefahren. Ich wollte Ihnen den Schaden vorsorglich melden, be-zahlen brauchen Sie nichts, denn ich bin unerkannt entkommen.[2]

Der Unfall ist dadurch entstanden, dass der Volkswagen weiterfuhr. Er musste verfolgt werden, ehe er schließlich anhielt. Als wir ihm eine Tracht Prügel verabreichten, geschah es.[2]

Ich habe noch nie Fahrerflucht began-gen; im Gegenteil, ich musste immer weggetragen werden.[2]

Leben und Tod und Versicherungen

Sprachliche Unsicherheiten in existenziellen Randregionen

Sofort nach dem Tod meines Mannes bin ich Witwe geworden.[2]

Der bedauerlicherweise tödlich verunglückte Herr F. hat selbst Ansprüche bisher nicht geltend gemacht.[1]

Muss ich erst meinen Mann umbringen, bevor ich das Geld bekomme?[1]

Ich bin schwerkrank gewesen, und zweimal fast gestorben. Da können Sie mir doch wenigstens das halbe Sterbegeld auszahlen![1]

Ich bin schon in einer Sterbekasse, damit ich mich selbst begraben kann![1]

Ich habe so viele Formulare ausfüllen müssen, dass es mir bald lieber wäre, mein geliebter Mann wäre überhaupt nicht gestorben.[2]

Bitte ändern Sie meinen Vertrag so ab, dass bei meinem Todesfall die Versicherungssumme an mich bezahlt wird.[1]

Ich bin in eine Sekte eingetreten. Jetzt weiß ich, dass ich ewig leben werde und kündige daher meine Lebensversicherung.[1]

Ich brauche keine Lebensversicherung. Ich möchte, dass alle richtig traurig sind, wenn ich einmal sterbe.[2]

Aktenzeichen 2009/14/4/zweikat

Zweiradkatastrophen
Die meisten davon sind sprachlicher Art

Ich erlitt dadurch einen Unfall, dass das Moped Ihres Versicherungsnehmers mich mit unverminderter Pferdestärke anraste.[2]

Mein Motorrad sowie ich selbst mussten wegen starker Beschädigung abgeschleppt werden. Ich habe mir den rechten Arm gebrochen, meine Braut hat sich den Fuß verstaucht — ich hoffe, Ihnen damit gedient zu haben.[2]

Aktenzeichen 2009/14/5/gefäfau

Gefährliche Fauna
Wie Menschen durch Tiere zu Schaden kamen

Als Hobby halte ich fünf Hühner und einen Hahn. Beim Hühnerfüttern am 24. Februar in den Morgenstunden stürzte sich der Hahn plötzlich und unerwartet auf mich und biss mir in den rechten Fuss. Er landete sofort im Kochtopf.[2]

Den Hundehalter kenn ich nicht. Ich habe den Biss der Polizei gemeldet. Doch der Wachtmeister grinste nur.[2]

Auf halber Strecke rannte ein ortskundiger Hase in selbstmörderischer Absicht auf die Fahrbahn. Es gelang ihm, sich das Leben am Abschlussblech meines Fahrzeuges zu nehmen.[1]

Das Pferd lief in die Fahrbahn, ohne sich vorschriftsmäßig zu vergewissern, ob die Straße frei ist.[1]

Das Reh lief in den Wagen, aber ohne sich um den Schaden zu kümmern, lief es weiter in den Wald.[1]

Bei einer abendlichen Fahrt mit meiner Ehefrau hab ich Wildschaden erlitten.[1]

Leider ist mein Vater der Jagdleidenschaft Dritter zum Opfer gefallen. Man hielt ihn für eine Wildsau und schoss ihn an.[2]

Aktenzeichen 2009/14/6/krimi

Kriminelles
Wo kein Gesetz mehr gilt

Wer mir die Geldbörse gestohlen hat, kann ich nicht sagen, weil aus meiner Verwandtschaft niemand in der Nähe war.[2]

Die Polizei kann keine Beweise vorle-
gen, dass Ludwig S. durch fremde
Hilfe ertrunken worden ist.[1]

Ich kann nicht schlafen, weil ich
Ihre Versicherung betrogen habe.
Darum schicke ich Ihnen anonym 500
DM. Wenn ich dann immer noch nicht
schlafen kann, schicke ich Ihnen den
Rest.[1]

Bürokratendeutsch in der Literatur - Teil 4

Auch die folgenden Zeilen werden
Ihnen nach anfänglicher Irritation
keine Schwierigkeiten bei der Einord-
nung in die Welt der Literatur berei-
ten:

In Migrationsabsicht unterwegs
zu einer öffentlich ausgerichteten Drittort-
auseinandersetzung
in den Wettbewerbskategorien Personenbeförde-
rungsmittel
und Musikalische Unterhaltung mittels Gesangs-
darbietungen
für gewisse Sozialorganisationen griechischer
Nationalität
in der geografisch maritim horizontal beengten
Region
um das Stadtgebiet von Korinth,
bewegte sich eine männliche Person namens
Ibykus,
amtsbekannt als Gefährte gewisser mythologisch
überhöhter Wesen ohne anerkannte Meldebeschei-
nigung …

„Die Kraniche des Ibykus", wieder von Friedrich Schiller.

Zum Kampf der Wagen und Gesänge,
Der auf Korinthus' Landesenge
Der Griechen Stämme froh vereint,
Zog Ibykus, der Götterfreund.

Versicherungskorrespondenz ohne Ende

Aktenzeichen 2009/15/2/üblstra

Überlebensstrategien

Man muss sich zu wehren wissen

Erfahrungsgemäß regelt sich sowas bei einer gewissen Sturheit von selbst. Darum melde ich Unfälle immer erst, wenn der Gegner mit Zahlungsbefehlen massiv wird.[2]

Heute schreibe ich zum ersten und letzten Mal. Wenn Sie dann nicht antworten, schreibe ich gleich wieder.[2]

Wäre ich nicht versichert, hätte ich den Unfall nie gehabt. Denn ohne Versicherung fahre ich nicht.[1]

Ich weiß, dass ich schuld bin, aber ich sehe es nicht ein.[1]

Erotik und Sex
Ziemlich unerwartete Erregung

Die Polizisten, die den Unfall auf-
nahmen, bekamen von meiner Braut
alles gezeigt, was sie sehen wollten.[1]

Unabhängig davon, dass ich schon ver-
heiratet bin, finde ich es angemes-
sen, dass Sie mich endlich zur Frau
machen.[1]

Noch an der Unfallstelle konnte sich
die Polizei von der Unschuld der Len-
kerin überzeugen.[1]

Ich appelliere jetzt an Ihre Humani-
tät. Befriedigen Sie mich jetzt in
aller Ruhe![1]

Bitte teilen Sie mir noch den Namen
der Creme mit, die an gewissen Stel-
len Schwellungen hervorruft, aber
nicht dick macht![1]

Ihr Vertrauensmann rührte sich bis
heuer nicht, wo er doch letztes Jahr
das ganze Dorf befriedigt hat![1]

Meine Frau hatte eine Kerze auf der
Bettleiste brennen lassen. Durch die
ehelichen Erschütterungen flog die
Kerze herunter und verbrannte den
Bettüberzug.[1]

Ich bitte Sie, mir den Schadensersatz
für die teure Liege termingerecht zu
schicken, da ich nur an diesem Tage
empfänglich bin![1]

Ich lege Wert darauf, dass Sie mir
Ihren Vertreter Herrn Baumann schik-
ken, der es mir beim letzten Mal so
schön gemacht hat.[1]

Wir hielten auf der Böschung zum See
hinunter. Dann kam es zu zwischen-
menschlichen Beziehungen, die aber
schlagartig aufhörten, als sich die
Handbremse löste.[1]

Ich liege mit dem gewählten Tarif
verkehrt. Bin in der letzten Zeit
überhaupt nicht richtig befriedigt
worden![1]

Ich holte die Polizei und ließ mir die Unschuld meiner Frau bestätigen.[1]

Ich war an dem Unfall nicht schuld! Schuld war die junge Frau im Minirock. Wenn Sie ein Mann sind, ist jede weitere Erklärung überflüssig, wenn Sie aber eine Frau sind, verstehen Sie es sowieso nicht![1]

Die Unfallursache beruht vor allem darauf, dass sich der Fahrer Ludwig O. mit ganzer Vehemenz der Mitfahrerin gewidmet hat.[1]

Seit der Trennung von meinem Mann wurde jeder notwendige Verkehr durch meinen Rechtsanwalt erledigt.[1]

Meine Frau hatte noch nie einen Unfall, weil Sie immer sehr aufpasst im Verkehr.[1]

Finanzielles
Wenn es um Geld geht

Einnahmen aus der Viehhaltung haben wir keine. Mit dem Tod meines Mannes ging das letzte Rindvieh vom Hof.[2]

Nach Ansicht des Sachverständigen dürfte der Verlust zwischen 250.000 DM und einer Viertelmillion liegen. Und weil das Finanzamt immer so nett zu mir war, habe ich nach oben aufgerundet.[2]

Kann leider die Prämie nicht zahlen. Letzte Woche haben wir ein Kind gekriegt und morgen kriegen wir Kohlen.[1]

DRINGEND

26.5.1928

Leumundszeugnis

Der Heinrich _____ ist seiner
Bildung entsprechend ein
dummer Mensch. Müterlicher-
seits ist ihm nichts nachzu-
sagen, väterlicherseits aber
sauft er. Leumund hat er fast
gar keinen mehr. Er macht
zunächst einen ungünstigen
Eindruck, verliert aber bei
näherer Bekanntschaft.

Bürokratendeutsch in der Literatur - Teil 5

Die Ballade bietet einen Fundus für sprachlich nachvollziehende kreative Amtsinhaber, den man gar nicht unterschätzen kann:

Im erdhaltigen Baugrund fachgerecht verankert

Fest gemauert in der Erden

Befindet sich ein formgebendes Behältnis, mit Hilfe von Hitze aus Feinsedimenten versintert

Steht die Form, aus Lehm gebrannt.

Noch zum heutigen Stichtag soll der Sakral-Klangkörper fertig gestellt werden.

Heute muß die Glocke werden,

Mittlere Vertreter der Handwerkshierarchie, steht dem Produktionsprozess motiviert zur Verfügung!

Frisch, Gesellen! seid zur Hand.

Es ist anzustreben, dass erhitzt von Frontpartie des menschlichen Schädels,

Von der Stirne heiß

transpiratorische Körperflüssigkeit
in fortstrebende Bewegung kommen
soll.

Rinnen muß der Schweiß,

Dies ist Voraussetzung dafür, dass
das Arbeitsprodukt
dem höchsten Vertreter der Handwerkshierarchie
zu allgemeiner Anerkennung gereicht.

Soll das Werk den Meister loben,

Allerdings bleibt festzustellen,
dass eine letzte amtliche Genehmigung
von höchster Ebene erfolgen muss.

Doch der Segen kommt von oben.

Versicherungskorrespondenz ad infinitum

Häusliche Unfälle
Katastrophen zwischen Bett und Kühlschrank

Meine Frau stand aus dem Bett auf und fiel in die Scheibe der Balkontür. Vorher war sie bei einem ähnlichen Versuch aufzustehen gegen die Zentralheizung gefallen.[2]

In der Küche hat alles gebrannt. Selbst der frische Lachs war plötzlich geräuchert.[1]

Dann brannte plötzlich der Weihnachtsbaum. Die Flammen griffen auf den Vorhang über. Mein Mann konnte aber nicht löschen, weil er wie ein Verrückter nur die Hausrat-Police suchte.[2]

Während des bekannten Tanzes Holladihia-Hoppsassa sprang ich übermütig nach oben, wobei mich mein Tanzpartner kräftig unterstützte. Dabei kam mir die Kellerdecke schneller als erwartet entgegen.[2]

Ich dachte, das Fenster sei offen, es war jedoch geschlossen, wie sich herausstellte, als ich meinen Kopf hindurch steckte.[1]

Aktenzeichen 2009/16/3/trauhei

Trautes Heim
Versichertes Familienleben

Ich habe fünf kleine Kinder im Alter von zwei bis acht Jahren und kann wegen Rheumatismus auch nicht mehr so wie früher.[1]

Ich entfernte mich vom Straßenrand, warf einen Blick auf meine Schwiegermutter und fuhr die Böschung hinunter.[1]

Hiermit möchte ich mir gestatten meinen Sohn als Unfall zu melden.[1]

Ich bitte um Rückerstattung des beiliegenden Sohnes Hermann![1]

Der Tennisball kam elegant und sauber an – abgeschlagen von meiner Tochter. Ich habe nur leider den Kopf statt des Schlägers hingehalten.[2]

Meine Frau wurde mit Geldsucht ins Krankenhaus eingeliefert.[1]

Meine Tochter hat sich den Fuß verknackst, weil dieses verdammte Weibervolk ja keine vernünftigen Schuhe tragen will.[2]

Ihr Computer hat mir ein Kind zugelegt. Aber ich habe kein Kind. Schon gar nicht von Ihrem Computer.[1]

Dass der Unfallverursacher im kritischen Moment betrunken war, haben wir daraus entnommen, als der schrie, dass er keine Angst vor seiner Frau habe.[1]

Meister der Kommunikation

Bitte lassen Sie es mich wissen, wenn Sie dieses Schreiben nicht erhalten haben.[1]

Ich finde es anmaßend von Ihnen, dass ich den Unfallbericht ausfüllen soll, wo Sie doch genau wissen, da Ich das wegen meinem kaputten Daumen nicht kann.[1]

Hiermit kündige ich Ihre Haftpflichtversicherung. Ich bin zur Zeit in Haft und brauche daher keine Haftpflichtversicherung.[1]

Ich bin versicherungsmäßig nicht vorgebildet und kann daher nur wahrheitsgemäß antworten.[1]

Ich bin von Beruf Schweißer. Ihr Computer hat an der falschen Stelle gespart und bei meinem Beruf das w weggelassen.[2]

Die Selbstbeteiligung für mein neues Gebiss finde ich zu hoch, aber ich muss wohl zähneknirschend zahlen.[1]

Brutale Sitten
Die keine Gnade kennen

Der Fahrer des Wagens, der den Unfall verursachte, wurde an Ort und Stelle durch ein Strafgeld liquidiert.[1]

In obiger Unfallschadenssache darf ich Ihnen mitteilen, dass sich mein Mandant erledigt hat.[1]

Seit zehn Jahren wohne ich ihn Mahldorf, wo ich in der Metzgerei als Gehilfe zum Ausweiden, Zerteilen und Bedienen der Kunden tätig bin.[1]

Gesundheitsvorsorge
Hauptsache versichert

Man soll den kranken Blinddarm nicht auf die leichte Schulter nehmen sonst schneit der Tod wie ein Blitzstrahl herein.[1]

Seit der Schildkrötenoperation im April habe ich keine Beschwerden mehr.[1]

Am Morgen des 9. Oktobers wurde ich
zu einem dringenden Hausbesuch aufgefordert — Patient war sofort tot![1]

Aktenzeichen 2009/16/7 geigesu

Geistige Gesundheit

Wenn in oder zwischen den Zeilen der Irrsinn aufblitzt

Mein Dachschaden wurde wie vorgesehen
am Montagmorgen behoben.[1]

Oft leidet Paul an Geisteskrankheit.
Von Zeit zu Zeit hängt er sich auf.
Wenn längere Zeit niemand kommt, dann
schneidet er sich wieder ab.[1]

Eine Kuh lief mir ins Fahrzeug, später erfuhr ich, dass sie nicht im
Vollbesitz ihrer Kräfte war![1]

Ich teile Ihnen mit, dass die Zusen-
dung der Rechnungen meinerseits noch
einige Wochen dauern wird, da ich sie
im Moment noch nicht alle beisammen
habe![1]

Sehr geehrter Herr .

Auf Ihren Brief hin teilen wir
Ihnen mit, daß unsere Rathaus-
uhr r e g e l m ä ß i g
geht. Es fehlen nur die Zeiger!

Mit vorzüglicher Hochachtung!

Ratschreiber

So formulieren Sie richtig in Beamtendeutsch!

*Die Verhauptwortung vieler Sätze
hat in unverantwortlicher Weise
die Bremsung ihrer Lesung zu verantworten.
(Zitat aus einem Internetforum
zum Thema Amtsdeutsch)*

· Diese Anweisung ist nur deshalb in leicht verständlicher Sprache geschrieben, damit Ihnen dieses bei den Texten, die Sie künftig verfassen werden, auf keinen Fall mehr geschieht. Hier erfahren Sie die wichtigsten Regeln für einen Text, der in jeder Amtsstube Furore machen würde.

· Was man versteht, kann nicht von einem Beamten stammen. Arbeiten Sie so lange an dem Text, bis Sie selbst nicht mehr wissen, was sie eigentlich sagen wollten.

· Gestalten Sie Ihren Text inhaltlich möglichst so, dass er hochgradig missverständlich formuliert ist und zahlreiche Deutungen zulässt. Durch diese Arbeitsbeschaffungsmaßnahme gewährleisten Sie, dass Ihre Kollegen von der Justiz immer ausreichend zu tun haben.

· Arbeiten Sie nach dem Osterhasen-Prinzip: Die Informationen sind die Eier, die Sie im Wust der Sprache verstecken müssen. Wenn sie jemand findet, haben Sie als Beamte oder Beamtin versagt.

· Arbeiten Sie unbedingt an Ihrer Satzlänge, denn nur ein langer Satz ist in den Augen eines Beamten ein guter Satz. Dieser ist also keiner.

· Substantivieren Sie, was das Zeug hält! Nur die Umschreibung der Betätigung mittels Verhauptwortung bringt die Sinnverschleierung trotz Wortanhäufung zur Perfektionierung.

· Ach ja, nicht zu vergessen: Verwenden Sie besonders viele der gestelzten Substantive mit ung-Endung. Das dient in der Zielsetzung der Glaubhaftmachung Ihrer Beamtung.

· Verhunzen Sie die Fremdwörter! Sagen Sie statt Technik einfach Technologie und statt Perfektion besser Perfektionierung. Nur so erreichen Sie die Demonstrierung Ihre Qualifikationierung.

· Vermeiden Sie verständliche Worte, die einen Sachverhalt, einen Gegenstand oder eine Person eindeutig bezeichnen. Verwenden Sie stattdessen Ersatzworte, Oberbegriffe und Substantivierungen. Der Beamte kennt keine Autos, sondern bestenfalls Kraftfahrzeuge oder besser noch Personenindividualbeförderungseinrichtungen. Womit ein weiterer wichtiger Kernsatz angesprochen ist:

· Je länger Wort oder Begriff, desto irreführender und unverständlicher.

· Werten Sie Ihren Text durch hochtrabende Übertreibung auf. Machen Sie aus einer Mücke einen Elefanten, z. B. aus einem gescheiterten Mundraubsversuch eine erfolglose Nahrungsmittelentwendungsabsicht.

· Verwenden Sie antiquierte oder antiquiert klingenden Begriffe wie demgemäß, diesbezüglich, insofern usw. Unterzeichnen Sie mit „Hochachtungsvoll" und vollem Titel.

· Benutzen Sie möglichst viele Gesetzestexte als Quellenangaben, Zitate und Querverweise auf ähnliche Texte, die sie vor Monaten und Jahren verfasst und irgendwo archiviert haben.

· Vermeiden Sie Worte, die Emotionen wecken könnte. Behördentechnisch ist niemand arm, sondern eigentumslos.

Verbale Neuschöpfungen

So würden Bürokraten es ausdrücken

Gegenstände

witterungsbeständiges Ganzkörperkondom
Regenmantel

weißblechbemanteltes Rauschgetränkbehältnis
Bierdose

kautschukhaltiges Reproduktionsvermeidungsfutteral
Kondom

optisch orientiertes Senilhorizontalruhemöbel
Opas Fernsehsessel

Berufe

floralpädagogischer Großgrünproduktions- und Vertriebsassistent
Helfer in einer Baumschule

pekuniär motivierter Omnifäkaldistributor
Fernsehmoderator

Genitalinstimulationsspektorinnenanwärterin
Prostituierte in der Ausbildung

Oberbekleidungsexplorations- und Enteignungexperte
Taschendieb

Haustiere

auslegewarefeindlicher Kleintierfallenersatz
Katze

vertikal unterdimensionierter Sitzmöbelsubinspektor
Dackel

Papageiensurrogat
Wellensittich

Maritimporculus
Meerschweinchen

Sonstiges

Holz haltiges mehrlagiges Dünnpapier-
produkt zur rektalen Reinigung nach
Kotabsetzung
Klopapier

dimensionsreduzierbare Individualse-
dativeinheit
Klappstuhl

kleinwüchsige Hortalplastik mit be-
zipfelter Kopfbedeckung
Gartenzwerg

Behältnis zur wiederkehrenden Kurz-
zeitaufbewahrung adressierter fern-
reisender schriftlicher Nachrichten
postalischer Art
Briefkasten

Bürgermeisteramt
Langenbrücken/B.

-7. Okt. 1923

Behördliche Beglaubigung:

Das Bürgermeisteramt bestätigt
hierdurch, daß die Bäuerin

Mathilde M_____

von Ratten befallen ist.
Da dieselbe einen anständigen
Lebenswandel führt,
kann man ihr Gift geben.

Urban Bender
Bürgermeister

1/2 ℔ Rattferrex
verabfolgt:
-9. Okt. 19__

Quellen

Soweit nicht anders gekennzeichnet, stammen die Zitate aus dem Internet und aus der bürokratischen Fantasie des Autors. Verlag und Autor haben sich mit allen zu Gebote stehenden Mitteln um die Textrechte der Internet-Fundstücke bemüht. Dennoch war es nicht in allen Fällen möglich, die Urheber ausfindig zu machen. Berechtigte Ansprüche werden selbstverständlich im Rahmen der üblichen Lizenzgebühren vergütet.

[1] Bernd und Ute Ellermann: Ich habe Schmerzen bei jedem Fehltritt. Verlag Versicherungswirtschaft, Karlsruhe

[2] Stilblütensammlung der Schweizerischen Mobiliarversicherungsgesellschaft, Bern

Disclaimer

Mit Urteil vom 12. Mai 1998 hat das Landgericht (LG) Hamburg entschieden, dass durch die Anbringung eines Verweises (Link) auf eine andere Website die Inhalte ggf. mit zu verantworten sind. Dies kann - so das LG - nur dadurch verhindert werden, dass man sich ausdrücklich von diesen Inhalten distanziert.

Was für Websites gilt, kann auch für ein Buch nicht schlecht sein. Auf jeden Fall bekommt dieses Werk so einen schönen bürokratischen Schluss:

Der Verfasser dieses Werkes distanziert sich hiermit also ausdrücklich von allen Inhalten aus deutschen Büros und Amtsstuben und macht sich weder deren Informationsangebot noch deren Inhalte und Weltsicht zueigen. Diese Erklärung gilt für alle aus diesen Quellen stammenden Verordnungen, Stilblüten und Wahnsinnsverfügungen kommender Jahre.